Lorenzo de Campos

De deseo sujeto

Colección Piel de sal

LORENZO DE CAMPOS

DE DESEO SUJETO

CELESTA

COLECCIÓN PIEL DE SAL, 38

Diseño de cubierta: RAGSE

Primera edición, 2024

© Lorenzo Santana Cruz
© Celesta
C/ Nieremberg, nº5, 5ºA
28002 – Madrid
editorialcelesta@gmail.com

ISBN: 978-84-126149-4-7
Depósito legal: M-3191-2024

No queremos ver.
No queremos ver la prisa,
instalada en nuestras casas,
que enseñorea todas las ventanas
y dictamina sin pausa ni perdón.
No queremos ver la honda rabia
que borbota cruda y dura de los labios
de unos corazones marchitados.
Ni queremos ver la risa
de plástico barato y tan absurda
que esconde mil y una oscuridades.
¿Es lo oscuro del alma fruto del deseo
mal implorado, ni protegido, ni asumido,
roto, apenas oído, casi anulado, víctima
de los pactos entre la razón maligna
y la furia de las almas extraviadas
por los páramos de la memoria infantil?

Hay tras cada grito airado muy al fondo
el ansia de amor de un niño herido y solo
que una vez sintió la ausencia,
tenaz y cruda, en su carne débil
y nueva, al florecer de la vida,
rebosante de gozo y primaveras.
En ese momento primordial y fundante
se encontró de golpe en el abismo,
en el vacío de la existencia cuando nace
y su grito ahogado de socorro cruza
toda su mirada en un instante,
el hoy que se despliega
                y el mañana que aún boquea,
pálpito de vida que no alcanza
                              todavía
a ser la llama instigadora y bienfundante.

No se dan cuenta de que no son tan libres como proclaman. Todo es circunstancia y polvo; todo cambia al mirar de cerca y contemplar las suelas gastadas con marcas de queso y aceitunas. Nadie quiere ver el lado perdido; ha estado siempre ahí, pero te ciegas porque la madre no te permite cagarte a gusto en los pantalones, ni te grita que ya más nunca puedes hacer con tu vida lo que se te antoje. Vinieron las lluvias a robar los cristales de todas las ventanas de las casas, salvo una, una sola que mantuvo las cortinas durante todo el proceso. Esas cortinas de luces cambiantes y leves mosquitos que zumban dolientes; apenas una pausa y recobran la vista, cuando las almohadas abrazan marmotas de sal y de obras repletas de sueños. Todo quedó en algo y quedó en nada, en polvo de nube y de cansados lirios;

el agua no ceja

de sentirse médano

en tanto que el páramo

se siente lejos.

Febril incompletitud, si ella es adecuada, palabra que comienza a tejer nuevas redes, conexa dimensión del planeta mente, hoy por hoy tan en boga como el motor de explosión al comienzo de todo. Vino el progreso y nos hundió en el barro, el barro de los siglos, el barro de los años venideros que nunca fueron todavía. Muere el viento en la rama marchita. No llegó nunca a flotar en el aire la penúltima margarita de hojas insomnes. Tantos sueños desterrados, tanta gloria en un día sonoro volvióse vibrante pífano que no llegó a loro, lleno de luces y de colores de pájaro raro, exótica maraña de obsesivo clamor. Hoy es luz, mañana faro. Y luego sombra que despierta a las dóciles chiquillas de una mente tranquila y gastada.

Sin orden ni concierto me estremezco,
sumido en la liturgia de las horas.
Ninguno va ya nunca a elevarme
hacia excelso trono de su gloria.
Ninguno romperá una lanza en ayuda
de un *sinnombre* sin familia ni abolengo
encastrado en los albores del mundo.
Toda la soledad de la materia
se abre paso conjunta a esa nada,
esa brutal revelación de cárdenos
momentos al costado de las Musas,
si existen las marmitas donde cuecen
a sus hijos en los confines verdiazules
de los mares ancestrales del planeta.
Cruzó la estancia el Gran Pesquisidor,
disfrazado de luto venerario.
Sus sarmientos atezados se combaron
en el lomo de unos cuantos cartapacios
rellenos de ínfulas y ejecutorias;
el breve desatino de una lágrima
por un instante se la vio brillar
en el céreo pómulo de pérgamos.

Deja ya la queja, la ponzoñosa y amarga queja que a nada conduce, sino al abismo donde los pobres seres sumergen sus anhelos y los hunden en el humo, el humo de las necias vanidades que ellos mismos fabricaron de tanto pensar en vano. Revienta la mente huera, contradictoriamente, de tanto cavilar sin fin, sin sentido claro, indeterminado proceso que cerca el muro de la neurosis. La compulsión se viste de razones; se adorna lujuriosa de penes golosos y apetecibles. Mojado de deseo, ¡qué deliciosa tarea! Vibro y me enciendo solo del aleteo, pulso vivaz de las entrañas, de la túrgida vista. Mañana será probablemente abismo, pero hoy es cima de placeres tan poco defendidos ni aceptados. La paz deviene de aceptar la sombra del marginado, del ignorado, del ignoto que jamás quisimos encontrarnos dentro.

He tenido una historia difícil como la de tanta gente. Y, gracias a la vida o al Destino o a *quién-sabequéporelmomento*, no puedo considerarme desafortunado. Pude estudiar, desarrollarme, adquirir un bagaje que tantos quisieran. También sufrí lo indecible porque así me vino de serie. Eso no se pretende ni se cuestiona y por pretender cuestionarlo he vivido casi siempre en la *neura*, transido por la desgracia sin estarlo sino en mi circunstancia. Cuánto costó que aflorase la raíz nutricia, la madre. Cuánto tiempo y cuánta vida hube de pagar sin tasa. Al fin, tímidamente, comenzó a asomar el tallo, mudo y fuerte, de unas raíces de telarañas, la ponzoña febril y terca, profundamente enclavada en la mismísima entraña. Y di gracias a la Vida, a la vida y las circunstancias, al principio calladamente y ahora con todas las ganas. No diré que festivo, pues la risa se me cortó tiempo ha en la garganta, quizá para el resto de siempre que almacene mi alma. Pero es un siempre que merece tanto la pena sentirse, y eso me anima cada día que pasa en esta doliente calma mi alma.

Hemos dejado en manos
de los menos hábiles,
los más infames bandidos,
gente sin escrúpulos ni tapujos,
tahures del grito y la demencia,
sin sentido humano ni divino,
solo solipsismo solapado o
descaradamente rampante,
los destinos y los faros.
Luces reflejadas sin brillo propio
al solaire siempre de la fuente,
mercenarios de la nada y de la culpa,
mercaderes de humo y terrores
secretos y ancestrales
que todo grupo humano guarda,
sin ser del todo consciente,
en sus más arcanos sótanos, bajo mil
y una llaves y cerrojos.

Quizá este narcisismo contenido
oculte el miedo primigenio que tenemos
tan profundamente adherido,
tan inconscientemente olvidado,
anclado y roto, como los mil pedazos
en que toda humana vida se divide
y se enfrenta, se confronta y lucha,
hora tras hora, minuto tras minuto,
en un intento ciego muchas veces
por advertir/alcanzar el sinsentido de la existencia
y alcanzar/advertir todo su esplendor.

Todos llevamos esa herida ancestral,
esa herida primitiva latiendo en el adentro.
Esa herida que no restaña nunca, la quiebra
de un sueño no logrado, la mano que abrió la vida
y a la vez la marcó a fuego para impedirnos
la marcha, como a un esclavo que, si huía,
podían todos apresarlo y saber su dueño
a fin de que nunca fuera libre por derecho.
Somos todos hijos de la madre primitiva,
primigenia, primordial, aun sin quererlo.

Me acosté con quien quise y cuanto quise y comprendí que no era la solución, que la herida estaba dentro y era tan profunda que aterraba. Viví en un sueño de colores, cargado de luces y de aguas, Una noche y otra noche, la mañana tras las sábanas y la tarde agazapada tras su muro de fantasmas a la espera de otra carne y otro semen y otras lágrimas, una breve conversación que apenas tenía palabras, un sorber, unos lamidos, unos instantes de maravilla para acabar tan deprisa y quedar de nuevo a solas con la ausencia y con la falta, porque pocos compartían la dicha; la mayor parte el breve disfrute de una explosión dinámica de fluido vital y enérgico que duraba hasta que secaba, nada más. Y ahora otro para completar la descarga. Así un día, otro día, semana tras semana. La noche triste y fría; apaciguadas las mañanas.

Te quiero como eres y porque eres. A la muerte
la hemos inventado como inventamos la rueda
y la expresiva escritura. Pero no inventamos
la risa ni las lágrimas ni el asombro. Tampoco
los besos ni las aladas caricias.
Te quiero en mi falta porque fuiste persona
y jamás te rendiste a fantasma otro
que alentar tu falta y tu cara carencia.
Ser tu algo ante la inmensidad del océano.

Afinada presencia que quiso
despuntar un día aciago
y aleatorio en este lodazal
mundo tan lleno de victorias
que nada representan
y simbolizan todo,
el hambre, la injusticia,
la calumnia, la opresión,
la fuerza bruta y vil.
Pero también esas pequeñas
y oscuras liviandades
que cada día nos pactamos
secretamente ante el televisor,
en un ejercicio supremo
de sobrevivencia. La culpa
ojalá nos permita revivir el deseo.

Miedo, miedo, miedo y todo es miedo
que aterra las esquinas de la mente
en un simpar donaire de dulzura
pues es inevitable la desgracia
y escoge con ternura a sus vencidos,
ateridos de miedos y victorias.
Otra vez el miedo tétrico por ignoto.
Ojalá la gloria le resulte estrella
a toda esa cohorte de bandidos
en continua y permanente travesía,
traficantes de deseos y falsas monedas,
corsarios de unos mares
que ninguno ha navegado
para ahora replegarse como encantados lirios.
En el fondo de los campos devastados
la neblina los cubre con su pálido aliento
de rocas y salobres bendiciones.
Al final de la derrota el calor se impone
y florecen de nuevo el miedo y la culpa
que jamás se fueron de sus barracones.

Me encuentro, aturdido y solo,
sin solución de continuidad
en este abismo.

A la distancia le crecen plumas
con que cubrir obscenidades
bien digeridas

y la *pipol* bien pensante y tiesa
como un corro de la patata
se dan la mano.

Caras pornográficas de libro
se ponen a contar mentiras
con vil descaro

y pretenden convertirse todas
en las nuevas estrellas grises
del panorama.

La estupidez recrea salones
y otros mentideros antiguos
de la sociedad,

sucia cloaca de inmundas ratas
que viven del cuento y hacen gala
de la traición

sin pudor alguno, pues lo ignoran
todo y a todos y a todas horas
de su triste día.

Te tuve que matar, una y mil
       veces
antes de darme cuenta de que ya
       no contabas
de algún modo intangible y te
       podía ahora ver
con los ojos de la distancia compasiva.
Huyo de la pena fácil porque tú me lo dictaste
de alguna forma arcana que yo no acierto
       a entender.
A veces reviento a voces.
A veces a complejidades que no quiero
       mostrar
porque no puedo del todo y me aterra
mirar de frente al espejo
y darme cuenta de que no hay distancia,
ni frontera, ni nada a lo que aferrarse.
Yo sé que no consigo la calma
sino solo la leve apariencia
de una pulsión revelada.

No puedo aguantar el silencio
con su ominosa carga de caballos alados,
que me arrastran donde las sombras
hacen crecer a fantasmas tan llenos de luz.

Me sacuden arcadas lejanas de rítmico pulso,
vómitos de fuego inundados de verde hiel,
los miedos y carencias que no supe encarar,
ni descubrir, ni soportar, ni pude, ni nada,
tan solo deslizarme por esta pendiente
en un tobogán bien pulido por otros culos.

Aborrezco el vacío y aborrezco la espera,
porque ambos, espera y vacío, caras son
de la misma moneda y con ella pago
deudas en el casino de esta existencia.

El dinero, el dinero recoge y controla los pulsos de la vida. Solo en apariencia, pues la crítica tiene mucho de tirano y de martirio. Pocos pueden resistirse y marchar a otros lugares lejos, lejos de la furia de la muchedumbre, siempre alzada, chillona, inquisitiva, un dechado de letras rojas segadas por la hoz del tiempo y machacadas por el mazo de la incertidumbre y el miedo. Campos rojos de la desmemoria que no se atreven a escarbar para no encontrarse con su sino que les espera constante a pesar de sus esfuerzos. El dinero no se siembra ni se recoge de los árboles. El dinero solo surge y mana de la herida sin sangre del tiempo que nos redime y nos ata. Crueles, crueles y atormentados, esos hombres se retuercen entre espasmos cada día de dolores cuestionables. Son la carne que devora la bestia del abismo, rojo y negro, que se extiende a nuestros ojos sin que nadie pueda verlo, cegados como somos desde el útero materno y la conciencia, gris, devota, ausente y machacona, de no servir más y siempre seguir cumpliendo solo sus reglas, una a una, una tras otra, todas a la vez a veces, y quizá algunos... Pero todos cumplimos, todos. Somos víctimas y presos y, a la vez, verdugo y carcelero.

Maricón, mariconcín, maricón perdido, el más mariconazo de todos los maricones, que babea por una polla arrastrándose, débil, flojucho, cansino, zascandil y bobo, por todas las aceras de la triste ciudad. Hoy es estrella gracias a la moda, rápida, breve, repentina, flor de ayer, que mañana se deshace como nube tras los rayos del único sol que es nuestro. ¿Quién espera extraterrestres si tenemos con nosotros nuestros propios seres verdes? Pero por toda esa vida maltratada, por cada golpe, cada herida imaginaria, o tan real que quebró tus sentidos, o te hizo tan fuerte como otro no fue, tienes, como cada uno, tu historia incontenible encerrada bajo los sellos de tus dedos y escribirla es un proceso que se forja cada instante con cada pálpito de vida. Maricón, mariconcín, ¿quién te hubiese dicho lo fugaces que iban a ser las olas encrespadas en la vasta inmensidad del océano acerado?

Vivir en el presente podría oscurecerme
el recuerdo placentero de los hechos,
tan queridos y tan vívidos, mas ya ocurridos,
que son el fruto y la herencia del pasado.
Un fruto y una herencia que alimentan,
en la oscura soledad de las dinámicas,
la frágil balsa de los cuerpos debatidos
en una lucha intangible por llegar al sol.
El presente y su contundencia suponen
un golpe con la maza del herrero eterno
que a todos quiebra y a todos bate, a todos
moldea y modifica a su imagen y chanza.
Pero a veces se requiere la práctica delicia
de gustar el instante y retrasar lo inevitable.

Ya no me dice nada la naturaleza
del mundo y del cosmos, del mar
y de los ríos, del bosque y las praderas,
de la yegua, del mirlo y del águila erguida
sobre las cumbres del firmamento.
He inventado máquinas de hierro,
furias salvajes que todo lo oprimen:
el agua, la vida, la cabeza, la sal del plato
que como cada día sin saber de dónde llega.
Máquinas que maquinan por sí solas
la destrucción de los misterios y sus galas,
que someten el espíritu a los hierros de sus yerros,
como una caracola de marañas y de inventos,
austera, cerrada, estrecha y tan angosta
como la mente de un obsequioso tirano
o la de los secuaces incultos del ideólogo.
Ya me he olvidado de todo porque vivo
encerrado y cautivo de mi día escindido
entre la gloria y la neurosis de cada ser
                                    humano.

Esta moderna enfermedad de distinción a toda costa, de romper las normas y las reglas de la existencia, de no saber ni querer lo que se nació y se sigue, de no saber ni querer aprender a vivir y a convivir, me habla de una crisis del sentido primero y último. Un profundo desarraigo de la esencia, trabajado largamente a despecho del avance de la humana resistencia, a despecho del dinero, a despecho de la ciencia y del progreso que han infamado con mentiras y traiciones y vejámenes. No, no podemos hacer lo que nos venga en gana. Para que tú, gran egoísta, puedas hacer lo que te venga en gana hay un montón de gente que sigue las reglas y te soporta.

No más que un suspiro en el tiempo
es la vida de cada uno que nace
hoy y mañana y después y siempre,
a pesar de los millones de deseos,
de las flautas e incluso trombones
que pregonan su venida de mesías
salvador de una humanidad lábil
que nace para la decrepitud lejana
pero insoslayable y cierta como tú,
un otro que me interpela y sacude
los cimientos de mis creencias vanas
en un arte permanente de delirios
y puras ensoñaciones de tristeza,
remedio para salvar la poca vida
que nos queda tras oír el veredicto.
¡Qué de ilusiones nos fabricamos
con las hojas caídas del mágico
árbol que nos dio sustento un día
en que en la tormenta nacimos
a la luz y a la liz de esta existencia!
Y todavía hay algunos que pretenden
continuar siendo parásitos del destino
y vivir en alimento de pordioseros:
«Una limosnita por amor de Dios.
Dios se lo pague con gran *salú*».
Y les faltó decir: «Y mucha vida»,
que no tenemos, a pesar de la apariencia.

La necesidad imperiosa de sentido nos abruma,
nos dicta y zarandea como una marioneta
trágica en su pueril incapacidad de éxito,
siempre a la espera, al acecho de un instante
que revele para siempre los arcanos del sí mismo,
del absurdo de ser siendo sin sentido que somos
para unos al menos, los pocos que piensan
de veras en este infierno de mentiras desoladas
al que nos arrojó un día nuestra madre bendita
sin pensárselo dos veces en medio de la euforia
repleta de hormonas de su instinto cercenado,
de toda razón y toda conciencia ausente, y, aun así,
marioneta consciente de la naturaleza impasible.

Quizá tras esa obsesión moderna de blancura se esconden las ganas de ocultar tanta negrura anidada allá dentro, allá abajo, en los abismos del ser nada que hoy impera, todo apariencia, todo instante, todo finitud y vaga muerte.

Las mentiras que nos contamos
para poder salir adelante
en medio de la maraña de impulsos
y de deseos contradictorios,
este bosque de mil senderos
rudos, llenos de hojarasca
y tantas veces intrincados
en oscuros vericuetos tan difíciles
de adivinar su destino y dirección.
Las mentiras que nos ayudan
a descubrir lo que quizá somos
no son ciertas ni son veraces,
pero son galantes a veces y son
ávidas devoradoras de realidad.
Y así la máscara se regodea
en su propia fantasía alumbrada,
el pacto febril de nueve largos años,
componiendo su papel de vanidades.
¿Es acaso una imputable falta
esta irresistible tarea?
Mas siempre la naturaleza
impone sus directrices
y solo por un tiempo la obra actúa,
se representa hasta caer en olvido.
Pronta al desprecio es la feble y mudable
concatenación humana.

¿Será posible que nada haya hoy
bello que nos circunde?
¿Por todos lados crudeza, ataque y desnudez?
¿Hordas de ahítos muertos de hambre
que famélicos desean devorar
el Bien y la Belleza?

¿Será posible tanta desnudez
que no responde a la armonía del cuerpo
sino a la carencia y la culpa?

Sí, la culpa nos azota y la ignorancia nos ciega
como una pluma de una alada víctima,
el cuervo que negrísimo le roba el fruto
al prado y a lo lejos grazna
su fúnebre cantinela:

«Soy todo imprecisión.
Soy todo un arrebato.
Soy nada y soy algo
que no me soporto.
Y me contradigo ausente
mientras vegeto allá
en el fondo del sillón».

Hoy nos vestimos con harapos muy caros. Pagamos una enormidad por cada roto, por cada triza recosida de mal modo, sin más valor que el que le damos al pagar por él. Inversamente, apenas le damos valor a la experiencia y comerciamos fugazmente con el otro en un afán por consumir instantes y personas, almas huecas o vaciadas. Todo un logro de modernidad. ¿Puedes acaso escapar del pasado, de aquello que ha hecho lo que eres, todo ese cúmulo de experiencias, de ideas, de mil y una gotas de minúsculas horas apenas recordadas, algunas ni vividas plenamente? Como la piel que no puedes arrancarte sin perder el sentido y morir.

¡Qué entrenados somos en mentirnos!
Querernos y no querernos a un tiempo,
pero somos incapaces de poder decirlo.
Y así engañamos y el disimulo
ha teñido las paredes de los días
como el moho y el verdín los cuartos
cerrados y húmedos de tantas casas
en las que no se adentra la luz y el sol.

Me resisto a las fuerzas
disgregadoras de lo humano
que hacen de mí un muñeco
marioneta en manos de otros
que deciden lejos lo que como,
lo que visto, lo que juego, lo que amo.
Me resisto a diario
y a diario caigo en su red
de sutiles campanillas
tan etéreas
que es difícil advertirlas
entre el ruido permanente
de la náusea.
Aún así me despierto de nuevo
y de nuevo solitario me resisto.

Nuestra radical angustia, la de ser hombre,
humano que todo lo divisa y no alcanza
a comprender del todo nada. Llamados
a ser dioses, hijos de un dios,
que les fue todo promesas de un futuro
que jamás llegó y se quedó en incertidumbre,
mientras la dura tierra se cerraba terca
y movía espinas y aceradas aguas
sobre nosotros y nuestros miedos.
Y las manos supuestas del amor divino
estrujaban mi pecho donde el alma penaba
en una agonía diaria de sutiles velos.

¿Por qué importan tanto los porqués
de las cosas y los hechos a nosotros
los humanos desterrados en el éter
que llamamos mundo, ajeno al ser
eterno de la existencia, y todo mente,
todo raciocinio, todo ilusión desbordada?
El por qué importa porque sin respuesta
acaba la mente recreando su nada
y el vacío aterra con su negra brida
a la razón siempre alerta en su atalaya.

Hay una profunda estupidez en los fanáticos
que les impide ver y verse en su dinámica.
Parezca que la mente se perturba
por efecto directo de los signos
agotados en la lucha
cotidiana
del tiempo.
Tristeza
que sacude toda raza
y todo intento de inventar lo ya existido.
Falta la evidencia a todas luces encerrada
en el oculto desván de las cosas rotas y dejadas
porque una nueva es *a la mode,* lo que supone
gracia.

No nos podrán quitar los fanáticos de las causas ni la música, ni los juegos, ni tampoco los matices, todo el infinito panorama que nos crea y nos diviniza al mismo tiempo, maravillosa luz que todo resplandece y hace brillar con suma gloria. No todos son ojos que logren ver las estrellas y los minúsculos prados de la noche tan bella y sola, sonora quietud que todo lo atrona, en un sinfónico coro de miríadas de ángeles. Las bellas ciudades que lograron el renacimiento, compartieron cultura sin par con violentas reyertas y ataques repentinos al belicoso vecino. Mas queda por siempre su legado, tan denso, tan lleno de vida, tan humano y tan lento, que ningún arribista ha podido ni podrá igualar más. Ha intentado la maldad humana refugiarse en los golfos de la desmemoria, cada época, cada siglo, cada década de infeliz revolución camuflada de progreso. Y es que nunca nos podremos superar de la hora primera a la luz de las cavernas.

No soportamos el silencio ni la cálida espera.
Llenamos de cháchara los días
y las noches de insulsas conversaciones.
Una plétora de imágenes nos mantiene
                    marginados
mientras imaginamos que somos dioses
de apestoso barro hecho con detritos.
Han sido años y años de esperas
que resumo en una imposible
                    demanda
de más amor, de un amor primigenio
que nunca se nos dio y su falta
llenó los días de plomo y arena.
Así desde el inicio de los tiempos.
Solo unos pocos sacudieron la espera
a las puertas del letal ministerio
donde las hornadas de anhelantes
                    humanos
hicieron colas inmensurables y murieron;
aguantaron imperturbables y anhelantes
                    y murieron.
¿Crees acaso que están libres hoy
de la garra ceñuda y cruda del hastío?,
¿que han conjurado las nuevas diversiones
la muda, fría, cruel mordaza del aburrimiento,
que tanta vana palabra y cháchara insulsa
consiguen ocultar con disimulo el mortal fastidio
que les horada por dentro y les consume?
Vivimos en una gran mentira.
Desde los orígenes hasta el gran teatro del mundo,
¡cuántos lo han señalado con el dedo y con la pluma!

Las sociedades nos acunan, pero
                    también nos ahogan;
nos enfajan en telas muy preciosas
o en harapos, según la clase
donde nos tocara nacer por azar o destino.
Y nadie lo puede remediar
                    nunca,
pues nos nacen sin motivo y sin conciencia.
Unos afirman que hay justicia de los astros;
otros de un dios providente y bueno;
otros más, del concurso de los hombres.
Lo cierto es que nada hay muy cierto
                    en este campo,
salvo la verde hierba y sus minúsculos seres
que la habitan y la pueblan y a la postre
se darán buena cuenta de sus restos.

Venimos a la existencia muchos por el capricho de nuestros padres o por la ignorancia, o por un mandato atávico que les dicta severo un plan. Un instante de pasión febril y hurtada deduce consecuencias que nos marcan por toda una existencia desarmada. He sentido allá adentro en el abismo que traiciono de algún modo su legado si no hago de la queja y del castigo un modo de vida adecuado; si disfruto de bondad y de alegría en cada rato, siempre que sea dada en el latir la vida. Es la herencia ruinosa de una madre que fue madrastra de sus propias voliciones; que jamás hizo disfrute ni motivo halló ninguno de deleite en su camino. Y así sembró de espinas su simiente; la crujió con golpes secos de los látigos sordos y mudos de sus complejos ancestrales. ¿Qué atroz antepasada le clava la dura estaca en el corazón seco y renegrido, de sangre falto? Como un vampiro voraz y siempre adicto a la sangre joven de una virgen niña, de la belleza eterna que jamás marchita, así la dejó, vaciada por dentro, y por fuera dechado de moral irreprochable. Hace frío en la tumba, vacía y oscura, húmedo remedo del vientre perdido, una vez reposo y cuévano concebido donde tuvo la luz comienzo sin ser requerida.

Esos hombres,
                    todavía aferrados al materno pezón,
adultecidos pero aún niños,
                              infantes casi
que claman y berrean en la noche
ante la enorme angustia que les supone vivir.
Porque yo no soy tu goce
                          ni tu consuelo,
por mucho que me hayas convertido
en tu juguete sexual predilecto.
Destiérrame ya de tu lujuria
                          histérica,
de las redes pegajosas que tejiste,
años ha, antes de haberme nacido,
antes incluso de haberme imaginado.
Me tuviste allí, en tu seno,
soterradamente, entre delirios,
imaginado en sueños de tortuosas noches
llenas de luces pálidas, donde me concebiste,
feliz y bello, un dechado de virtudes
que pudiese alimentar tu sueño,
mantenerte viva y fresca
por las mil eternidades.
Bien se sabe que nada dura
ni perdura eterno sino
el hambre, el ansia de deseo y trascendencia
en un amor que nunca se colma ni se calma.
Si ese es tu amor, te lo devuelvo.

lupus est homo homini, non homo, quom qualis sit non nouit.

Asinaria 495, Plauto

(«Es un lobo el hombre para el hombre, no un hombre, cuando no conoce al otro»)

Es un lobo implacable el hombre,
todo boca y colmillos y aullidos
frente al Otro, amenaza del rebaño
o manada de presas y de fieras.
Si no hay ley ni humana ni divina
todo le será debido al más fuerte
de los fuertes, como ha sido
desde tiempos ancestrales
que arrastran desmesura y desengaño
a iguales partes de dorado fiel
de aquel dios de cánida frente
y colmillos sangrando de despojos.
Aún no hemos aprendido ni ascendido
a pesar de los miles de años de fracasos.
No vendrán las estrellas a salvarnos
ni a redimir su obra desde los astros.

Me torturo y torturo a cuantos quiero y me quieren
en un baile a la luz de caretas cenicientas.
¿Soy yo o es la lucha en mi interior que me desdobla
en una sucesión de vanidades que me absorbe?

Anhelo contumaz de inquieta persistencia,
víctima de un raro prez, multitud sonora,
fanfarria de un instante que se agrieta
en pobres sucesiones de vil hojalata.
Hoy es todo y excesos contenidos
y mañana una nada expresa y rota,
tremendas variaciones de constancia
que a pocos les anima y reconforta.
Al final de la tarea casi encuentra
el triste delincuente su proceso
sentado en el banquillo del gobierno,
que no es ni uno tal, ni el otro fautor grave
de empresas tales capaz y necesario
que justifique tanto gasto y embeleso.

¿Cómo, de tenerlo todo,
hemos acabado en el abismo de la nada?
¿Cuándo se hizo patente
que los muertos aullaban sus desprecios
desde los gritos de las tumbas verdinegras?
Parece que nombrarse es una herida
que lacera el corazón abandonado:
nadie pudo resistirse a la llamada,
mas nadie supo concretarla ni entenderla,
y nadie vino ni acudió ni dio la mano,
apresados en sus jaulas de razones.

Casi no encuentras el fin
entre tanta delicia robada.
¡Qué luces no habrá allá arriba
titilando en la feroz oscuridad
de luciérnagas de barro!
Si tiene sentido no tiene sentido
pues la contradicción nos revela;
las máscaras que nos ponemos
para acercarnos a los otros
son de plástico duro e irrompible
y de ellas nos quejamos sin remisión
para volver a emplearlas un día después.
Nos gusta jugar con las metáforas
pero nos gusta más el sinsentido,
a pesar del dolor, a pesar de la neurosis,
a pesar de la rueda imparable
que no conduce a ningún destino
ni transita camino alguno.
¡Qué desesperado aliciente soñar con galaxias
que jamás habrán podido alcanzar
o que solo han existido en los recuerdos
imaginados y febles de la inconsciencia!

Vivo anhelando que un médico,
de dorada armadura, de azulada capa,
aparezca y me cure de todo dolor,
de toda angustiada presencia,
del tormento de lo diario y la espera.

Hay quien hace del odio su destino.
Parece
incapaz de dilucidar su fracaso.
Y aún así encuentra el apoyo
conveniente
para su tarea de destrucción.
Las sociedades son ilusas
fantasías de demonios
que sus miembros llevan dentro.

Sigue acusando siempre fuera.
Siempre el Otro, nunca yo.
Sacude las sábanas de la culpa;
que no sean la mortaja del deseo
ni la bambalina de tu comedia,
¡oh, sagaz y artero personaje,
taimado fraile de cojeante verbo!

Una coreografía la muerte, pero tan irreal…
La única verdad es el cadáver, el resto
de alguien que fue y ya no estará más.
Y todos cumplimos con la mascarada;
el fingido dolor, la ceremonia, la negrura
y las flores, como conjuros del tiempo
que nos alejen del paso ineluctable
de la existencia a la nada, al vacío olvido
del que ninguno ha vuelto nunca
y nunca jamás alguno lo hará.

Algunos dicen que veneran
y dan honra al muerto,
que cumplen con un sagrado deber.
Pero el muerto ya no es más que humo
y todo lo demás es circunstancia.
Aun así, son hermosos los cantos
y los abrazos fraternales si son ciertos
y nos ayudan a enmascarar el palpitante temor.
¿En qué nos quedamos si no tenemos fórmulas?

Muchos dicen amar cuando en realidad no aman en absoluto, incapaces de comprender al Otro, incapaces de entregarse, incapaces de poseer y dejar de ser yo, sino reclamándose, persistentes en el egoísmo solipsista de sólo mirarse y ver en el supuesto amado un objeto fetiche de satisfacción, del que dar espectáculo, del que solicitar reconocimiento, un tributo social aceptable y comúnmente aceptado de relaciones estatales de amor y bienandanza. Una ficción de lo verdadero mientras el amor sigue su curso y se resiste. También es un teatro la vida y se desarrolla entre dramas y tragedias con secuencias de comedia y de canto coral. La llegada de la inmediatez ha hecho saltar las estructuras de la mente en muchos humanos que son ahora adictos en la soledad de sus *simismos*, como antes el opio o el odio convirtieron a sus abuelos en fantasmas de gentes, arrastradas de aquí para allá por la marea de las circunstancias y desleídas en el humo de la Historia como nubes de un cielo de verano. Es muy duro reconocer la inconsistencia de unas vidas vanas, vacías de verdad y de sentido, sin ancla ni bagajes para un viaje que se han visto compelidos a iniciar sin permiso ni motivo. Arrastrados por el torbellino del ser nos preguntamos airados por qué nos dieron la vida si luego no nos dieron motivos, por qué nos arrojaron aquí, nos consintieron y mimaron, y luego nos dejaron solos a nuestra suerte. Y ahora reclaman el pago de sus servicios en recompensa de sus esfuerzos por hacer de nosotros unos inútiles para la vida que crearon. Siempre son los mismos interrogantes, que no tienen respuesta sino en la profundidad de la entrega, del amor sin condiciones. Y esa entrega no se da sin abandono y sin abandono no soy. O eso me enseñan y yerran quienes hacen del infierno su casa.

Llevados, arrastrados por la irresistible corriente
de las aguas doradas y gélidas de un río impasible,
sin fin, sin comienzo evidente, sin recuerdo ni pausa.
Las pobres horas desnudas vestimos de circunstancia
para soportar la maquillada máscara que ofrecemos,
falso yo que nos imagina y proyecta a la luz de otros
que nos recrean y conforman, luces y sombras del
    día,
uno tras otro congregados, en sutil procesión arcana.
Creemos ser pájaros que libres vuelan por la
    atmósfera
purísima y etérea de las imaginaciones. Pero somos
en verdad sombras, aladas o no, da lo mismo, de
    sueños
que a nosotros mismos nos ofrecemos, sin darnos
    cuenta,
sin comprendernos, nunca, jamás, salvo pocos,
    orgías
de una mente que anhela el suicidio en medio de la
    voraz
e incesante hambre de luz y gloria que nunca
    alcanza,
rito de irresoluble final, dilemático problema que
    enreda
las líneas puras de cada vida que merezca ser amada.
Desnuda irreflexión en medio de tanto desgaste de
    sueño.
Poco más da si una línea más o una menos. Y a
    veces,
es mejor parar a tiempo y bajar en la estación
    equivocada.

Desnudos, enfrentados al otro que nos objetiva e
  interpela,
corremos a paso lento en esta frenética competición
  rosada.

Para encontrarme
debo primero perderme,
perderme en el otro que me hace,
que me enciende en nosotros,
tú y yo y ellos, en danza eterna,
desde la cuna a la tierra,
o quizá desde el vientre materno
porque ella me hizo de algún modo
que no acabo de abarcar
ni de tener plena imagen,
ni conciencia,
ni recuerdo.
Solo el sueño viene más tarde
a construir las mansiones
de la memoria del agua primigenia.
Avanza la noche con su fantasma
y me recorro frenético hacia la muerte.

Es pero no es. Me sueño
pero sin aliento.
No hay verdadera vida
tras el telón del escenario.
Y me pierdo consciente
en las olas del desengaño.

Al final viene la noche
precedida de imprevisión y sorpresa.
Cede la mente juiciosa
su cetro real y su corona.
Depone su imperiosa voz.

Su demanda se impone ahora
sobre los súbditos que la veneran
y, por pena o por castigo,
atienden su súplica velada.
Cae por fin el telón
y las luces se apagan en la sala.

Es tan difícil amar de verdad, es tan difícil la entrega, despojarse de sí y anhelar la unión real. Son muy pocos los que en el fondo lo logran o lo viven, porque el amor se vive, no se obtiene como una vil mercancía, producto o comercio. De eso ya anduvimos sobrados durante mucho tiempo y vinieron guerras y un colapso casi del mundo que forjamos para lograr el lucro y entronizar la industria y el dinero. Pero resucitó de nuevo de los escombros, ayudado por parientes de otro mundo y otras tierras, deseosos de ganar en la carrera que la ocasión proponía. Asentaron los caducos dogmas en formas de producción nuevas. Entronizaron el beneficio, la falsedad y la prisa, la deuda y la caución como centro y eje de su universo de liviandades en el que no cabe otro deseo que el bienestar descreído que se logra produciendo y surgen nuevos engaños para colocar el desbordamiento de ideas, cosas, personas, animales, fruslerías e inutilidades a que hemos reducido de nuevo al mundo que de nuevo sufre una herida mortal de imposible curación porque nadie sana lo que ignora que está enfermo. Y así, de amor, muy pocos saben, pero de anhelos de amor ignorado y preso todos padecemos.

Ich bin, aber Ich habe mich nicht.

Investigaciones lógicas, Husserl

Yo soy, pero no me tengo. No puedo abarcarme ni entenderme del todo. Ahora dicha, al rato profundo desaliento. Una marejada de vaivenes que me arrojan a veces a las rocas laceradas del profundo hastío. Un dolor que no proceso. Una pausa. De nuevo la alegría llena de vida de un éxtasis pictórico, una cumbre de luz y gloria, una corriente de electrizante euforia, llamaradas que al poco cesan con el ejercicio y la práctica. Nada perdura, todo fluye, todo se desvanece. Mas solo en el alma que vive aislada en cierta distancia, para no perderse ni encerrarse en nada. Cuando quiero, al momento no quiero. Me sé ser, pero no adivino cómo, ni encuentro quién responda. Solo cháchara, vaniloquios de cansinas voces, fantasías locas de caretas pintarrajeadas y gris, mucho gris tras las ventanas que esconden tapujos de un dechado de virtudes pregonadas pero inútiles: jamás las ejercieron, ni probaron, ni vivieron, ni gozaron. Vino la noche demasiado tiempo. Vino la furia debida. Vinieron los negros jinetes de acerada espada y maza. Vino su exhalación y su desgracia, su muerte y ruina. Vino el derrumbe de todo lo bello y tierno, el acabose pareció adueñarse del tiempo de los hombres felices. Pero todo pasó y fue como si nada hubiese ocurrido antes, un momento atrás, un instante que se vio eterno. De nuevo surgieron las margaritas en los campos cuajados de vida porque los hombres no compiten cuando el Mundo aparece.

Ellos creen poder domeñar el control de la entera existencia. En vano. La Vida sigue sus caminos y cursos a pesar de los vacuos discursos plagados de imprecisiones de nuestros jugadores en liza. Parecen querer conjurar así la inconmensurable distancia que nos abate siempre tras el comienzo de la obra, telón que presagia con su enorme caída el fin de la actuación. Yo soy, cierto; aquí me siento y puedo verme en el espejo. Pero no me tengo, incapaz de comprenderme ni de serme. Me desvanezco entre mis dedos como una sombra de más, de tanto como adivino que soy y que puedo. Pero es de humo, de sueño, de sombra y nada. Corre fugaz. Desaparece. Y se diluye al final en las tinieblas de la desmemoria. ¡Cierto!

Llegar a ser, soñarme en un infinito de posibilidades que ahoguen esta finitud, esta suerte de cárcel diaria en que vivimos ¿o más bien morimos muy lentamente? O demasiado aprisa algunos, que apenas están o son algo de lo que recordarse largo tiempo, algo que llene. ¿Pero acaso no lo fueron para alguien que les amó? ¿Su madre, sus hermanos, un amigo o tal vez dos, la flor que se abría en su ventana, la brisa de su rostro en las otras almas cada mañana al entrar a trabajar? Admitamos que hay veces en que es injusto el dictamen, pero es la justicia invento de los hombres para vivirse y ni se aplica ni se observa en las leyes inmutables que rigen el existir y devenir del mundo y la naturaleza. Hoy soy y estoy y tengo vida, sueños, posibilidades, pasión, y en un luego podría todo acabar en un instante apagado y ser polvo, tumba, negrura y nada, un cuerpo encogido para la putrefacción y el revertimiento a la tierra o a la nada. No hay constancia de que mi alma, mis sueños, mi deseo, mi poderosa razón tan aguzada, mi yo ufano y andariego vayan a ningún lado ni paraíso solo soñado y anhelado. ¡Qué deseo tan fuerte de trascendencia nos hace idearla y casi llegar a ponerle entidad mientras estamos vivos! Nada más que una gota invisible en el vasto mar vivo de las sociedades humanas y de su historia somos, unos más que otros en la memoria que ellas recrean y todos necesarios en tanto que fuimos causa y motivo. ¡Qué dolor quien se quedó en nada, ni proyectó su legado! Tantos, tantos posiblemente que ni sabemos ni recordamos… ¡Ojalá haya!

En conflicto he nacido y en pelea constante.
He venido a este mundo por una estrecha vía,
de dolor y de angustia, mas viró en gozo y luz.
En la noche estrellada de infinito asombro
vine a caer en los brazos de amor y ternura
de la vieja idea de la solidaria asamblea,
de la atávica madre ancestral y profunda,
como un río de pasos y de serenas presencias,
que todo lo inunda, todo lo maneja y arrastra,
mansamente, muy quedo y sin distancias.
Pero la distancia pronto se revela allá a lo lejos.
La distancia llama a sus huestes para la batalla.
Pronto el infinito de sublime estallido, de brillante
y desconocido ropaje, se columbra sobre los hados
sonoros, estables, marchitos, de determinada ley
y me obliga a escapar de esta jaula de oro y
    jazmines.
Surge la pausa. Empieza el camino que inicié
    antaño,
una mañana apresurada de ignorados desvelos
que ahora deben seguir atrás y yo mi senda, solo,
con la ayuda distante del bagaje que traje de mi
    esencia.

Enferma de *hybris* está esta gente que pretende siempre ir más allá de lo posible y se escuda en la vanagloria de lo científico, como si nunca hubiese habido mundo, ni hombres, ni distancias, ni nada, solo ficciones y mitos y desgracias, un universo atado a la barbarie del instante, perdido y cruel, en que la vida se reduce a su esencia y su momento, un instante de miles de instantes en compañía y danza, una música de multifáricas presencias.

No habría un estado de felicidad permanente. Las utopías solo en la mente que las idea existen y se conforman. Sirven al propósito de un recuerdo que nunca fue; imaginado. La Vida y la existencia no habrán de tener raciocinio, un plan rector, ordenado y bonísimo, quimera pergeñada en lo solo humano, misterio lábil y dolor profundo de inconsistencia y drama: columbrar el absoluto y comprender su nada. Nunca, jamás, en absoluto podrá el humano ser alcanzar ni abarcar la total inmanencia, mas la anhela y reclama en su deseo eterno.

No hay una única e universal marea humana
que todo lo envuelve y arrastra, todo lo exalta.
Solo el tiempo, inasible, soberano único y feroz,
del que nadie se sustrae y nadie se zafa, rector
inconmensurable del acontecer de los hombres,
que batallan inútiles por librarse de la muerte,
hinchados de vanos deseos y sospechas de fraude,
en perpetua contradicción, en inacabable drama,
apreciar lo absoluto y la evidencia de su nada,
su mortal incapacidad para lograr las estrellas,
el universo múltiple y pavoroso en su infinitud
que vislumbra y late en el oculto sagrario interior.
Pavorosa revelación y abatidor descubrimiento:
no hay palabras a veces para describir el misterio
y solo las palabras son la llave de la mente rectora.
Sin luz no hay tinieblas y todo es luz y todo
    sombras.
Volar hasta lo íntimo de la existencia no fue dado
a los humanos por la desconocida divinidad antaño.
Tampoco hoy se abrirá el sagrado monumento
por obra y virtud de la industria del ser tecnológico;
a pesar de los deseos y las máquinas, son solo
    producto
y ni finalidad ni esencia viva ni comprensión
    subsistente.
Quien piensa al pensador hace que este sea pensado
y que sea pensante. Feliz dilema que es todo mente.
Los humanos buscan siempre ídolos de pies de barro
para sentirse a salvo con lo que más conocen y
    aceptan.

¿Cómo yo, breve ser, hecho para la muerte,
me atrevo a dar explicaciones al Tiempo,
señor inmarcesible de la Vida y de la Historia?
Soy y también estoy y nadie sabe ni cómo
ni por qué tampoco. Breves respuestas cojas
son las que obtengo de los sabios hinchados
de grandes batas blancas y anteojos negros.
Algo adivinan, algo desvelan, algo descubren.
Pero la sutil esencia está vedada a sus manos
técnicas, capaces de sanar, pero no columbrar
la esencia misma del ser de tantas cosas en sí.
Sumidos en su propio desatino, andan subidos
en un pedestal frágil que han apuntalado otros,
felices por creerse librados del zarpazo del dios.
Vana gloria que se deslíe lenta como el manto
de nieves en la primavera de la Europa dichosa,
aquella que dio la luz y tantas sombras de dolor
y de muerte, frutos pútridos y ajados de la Razón
que se quiso ver conductora y emperatriz única.
En su soberbia engreída destruyó su propia corona.

Estos, que nunca han sufrido por nada. Estos, que lo han tenido todo dado y a la mano. Estos, consentidos por unos padres devotos, que pensaron hacer un bien y malograron sus vidas para el resto de su existencia, amargada en los orígenes por la ponzoña del *todohecho* y la molicie, una vida falsa que no se corresponde con la Naturaleza, explosión de vida, lucha constante, energía en puro devenir y movimiento, altibajos, penas y goces sin cuento ni moralinas trasnochadas de falsos profetas con barbas y ojos sangrientos, un remedo del Dios que dijeron abandonar para echarse en las manos violentas de otro. Hoy buscan recrearse en una realidad virtual que quizá nunca alcancen y, de hacerlo, quizá les borre para siempre de la faz del tiempo.

Jugandito infantiles con la culpa destrozamos la muñeca y el castillo, todo a un tiempo, rabiosa la melena, emposeidos como bruja de postín, que agita su varita y remueve la marmita, plin, plan, zascaplán, desaparece

¡YAAAAAAAAAAAAAAAA!

Mañana vamos lloriqueteando por doquiera, y entre hipidos pretendemos a cualquiera que nos oiga:

—¡Pobrecitos!, tan mal que lo pasamos; que nos fue.

—Pero si tiramos todos los trastos viejos, si quitamos todo freno, todo límite, si le hicimos caso a la vanguardia de la pseudociencia baratera…

—Y no funcionó, no fuimos libres, no salimos victoriosos, ni ricos, ni jóvenes, ni liberados, ni nada; solo más neuróticos, más gastados, más consumistas, más quejicas, más golosos, más airados, más negros por dentro de tan reconcomidos. Pero, ¡chitón!, que nadie diga nada. Mantengamos el tipo hasta reventar.

Que aun sabiendo tanto tan poco sé
y me queda patente al saber una cosa:
que en el fondo no sé ni sabré cierto
de dónde vinimos y por qué somos,
y todo lo que creí saber eran mitos,
sutiles creencias de la fe de otros,
el consuelo inventado para aguantar
un año más vivo y cooperándonos,
lo que quizá sea el sentido de todo
este baile universal de seres siendo.

Si es que hubiera otra vida, que fuese como ésta,
donde muriera el día
y cantaran los grillos.
Una vida imperfecta en que supiéramos que nada es
[perdurable,
que a ser felices sólo
un instante podemos aspirar.

La vida fácil, «Casi una oda». Andrés Trapiello.

Ya lo han dicho muchos. Demasiados
para que lo olvidemos tantas veces
y persistamos infelices en vivir ajados
conformando sociedades mentecatas
que persiguen rellenarse de vacíos,
de modas pasajeras, de futilidades,
de una adquisición tras otra de objetos
que no cubren la soñada expectativa
de luz, de amor, de ansias de Vida.
No existen mágicas recetas, ni fórmulas,
ni salmodias, ensalmos, oraciones, falsas
palabras en boca de farsantes de feria.
No existen dietas, mercenarios, falsos
profetas y doctores de la credulidad,
ejercicios sanadores, conexión cósmica
ni energías de la madre tierra primigenia.
Cada cual se busca su propio engaño
en este mundo de apariencias en que nada
importa salvo lo que se designa y marca.
¡Fatal estupidez la del humano errar!

Tanta razón desperdiciada en las aras
del atroz sentimiento desaforado y cruel

que reclama sus víctimas y su holocausto.
Y al final de la jornada tienen que tragar
todos la misma papilla en el mortuorio lecho:
que es sombra, que es humo, que es niebla,
que es nada. La mejor felicidad es el instante.

Para no mirar las propias decepciones
se van muchos a tierras ajenas y lejanas
a buscar consuelo para soportarse.
¿Qué sentido tiene, si no, mirar siempre
la pajita en el ojo del muerto y olvidarse
de la enorme trabazón que nos entorpece
las mentes embotadas y senescentes?
Y encima somos jaleados por una cohorte
de presuntos corifeos autoproclamados,
sostén verdadero de todo este circo
de *espantosidades* recién moribundas.
Aunque cada quien se busca, lo sepa o no,
los modos de sobrevivir a esta tragicomedia,
prefiero no verme cada noche en la angustia
de saberme un dechado de engaños y goce.

Si para la muerte un día somos hechos
¿qué sentido tenemos para la marcha
tan dura de esta vida que se acaba
si no es la propia pasión de la carrera
y aquella ley inmutable y escondida
en el seno impasible de cada ser?
Arrastran a cada uno a perpetuarse,
a dejar la constancia de su paso,
a la fama y la creencia que ofrecen
el sostén apropiado a corredores,
y otros seres que tan solo observan,
simplemente son, están en la vida
sin hacerse preguntas imposibles,
algo que fue vedado a los humanos,
dotados de razón nadie sabe cómo.
Y aún en ese sinsentido, batallan
y se afanan a diario por minucias
por el solo placer de la inconsciencia.
O por la neurótica estolidez
que mueve a tantos y a tantos febrilmente
en una comedia de sinsentidos
y de flagrantes contradicciones
vividas sin demasiadas preguntas.
Demasiada imbecilidad para ser
aceptada sin dedicarle un minuto
o millones de reflexión y duda.
Mas para quienes son solo existencia
¿qué más dan las preguntas y razones?

Si solo importa vivir, procrear,
disfrutar y alimentarse, ¿por qué
preguntarse los motivos y fallos?
¿Para qué razonar o preguntarse
por las ocultas causas de las cosas?
¿Qué sentido tiene el sinsentido si,
después de todo, todo acaba y nada?
Mas hay en las preguntas una historia
y las historias nos construyen y dan gozo.
Sin ellas el sentido desvanece
y en nosotros no cabe la mortal soledad.

¡Qué obsesiones de culpas asfixian esos chillidos airados, esas absurdas recriminaciones sin respuesta ni propuesta ninguna de mejora realizable, vacías, huecas, sin otro sentido que la queja! Se alimentan de la ignorancia y el desprecio, de un odio que viene de lejos, acunado en rojas mantillas de rasposa tela, sin amor alguno. Ya se redimieron sus viejas cantinelas; pasaron sus penurias como agua entre las carreteras de lodo y piedras, pero sus mentes siguen ancladas al viejo mito, como los antiguos griegos no dejaron sus dioses descansar en paz tras la guerra perdida y ganada. Toda guerra es personal e infame en sus dolores y es gloriosa en las manos equivocadas del que triunfa. Así es el mundo de los humanos pensares e historias. Y ojalá algún día trascendamos esa cancela.

Idos, idos lejos y no volváis, sicofantes, eternos nuevos vendedores de llanezas y taimadas revelaciones que son hierros que se van clavando en la entraña como hiel que amarga lenta y cansina toda la carne. Idos al lugar de donde sois, el no sitio, el solar de los imposibles, el grito gris y roto de las mañanas sin despertares, y dejadnos vivir con nuestra angustia leve y necesaria, cotidiana y subsistente, sed que nos permite beber y mitigarnos. Así se nos maneja existir un antojo que nos permite andar y elucubrarnos.

¡Qué difícil aceptar el hecho, tan patente,
de que miedo, angustia, dolor y penas,
ira, rabia, envidia, deseo de mal ajeno,
se dan en mi interior al mismo tiempo
que todas las bondades y dulzuras,
los goces y placeres, alegrías y éxtasis;
que voy de un lado a otro basculando
como un muñeco de feria pintarrajeado,
con una gran boca de falsa sonrisa
y ojos abiertos que nada pueden ver!
¡Qué difícil y qué apabullante el conocer,
cuando uno al fin descubre su sentido,
que no descubre sino entrevé apenas,
sumido en la tiniebla de los líos
y marañas del deseo en una esquina
y la mente al otro lado, combatiendo,
agonizando en una lid que dura
toda una existencia tal vez echada a perder,
cuando es la única! ¡Qué difícil y, aun así,
para muchos es adicción que nos mantiene
vivos, fuente de conflicto permanente
y jamás reconocido, entre lo que de veras
soy y lo que creemos ser y aspiramos a ser
un día, día que nunca llega pues seguimos
la no senda siempre, invariablemente,
para lograr salir del establo que pensamos
bien seguro y protegido. Allí sufrimos
y gozamos de ese sufrimiento sin retorno
ni frontera, presurosos un día tras otro,

imperturbablemente perturbados siempre,
hasta que la muerte nos arranca de la cerca
de los vivos.

Una vez que sale de mis manos el poema
ya no es mío ni de nadie, es de todos
y de sí mismo radicalmente.
Muchos otros antes lo dijeron
con más finas y acertadas palabras,
que el lector hace la obra que el autor
le propone y le ofrece. Por eso vive
tan solo en las palabras. Por eso ama
no ya la audiencia o público o lectores
sino el alma de su obra ya encarnada.
Por eso necesita proyectar,
comunicarse y ser leído, llegar
a cuantos quieran y se acerquen a él,
poema vivo en cada uno que rehizo.
Detrás se esconde la divina esencia,
lo último y primero de cada cosa,
el ser lo que es siendo como es y muestra.
Y no sabes del todo cómo nace,
cómo surge su idea y su estructura,
aunque luego la lima lo desbroce
y la reflexión le dé forma y sentido.
Solo sabes que de algún modo
es infinita la alegría y la pena
que trae dentro de sí la belleza.

Y a pesar de tanta furia y tanta pena
vale mil veces el oro de mil minas
esta vida que es la única que vemos
y sentimos y padecemos y brillamos.

En medio del pavor y de la lucha
se esconde el éxtasis de un instante,
capaz y suficiente, práctica ilusión
que nos sostiene y nos encanta.

Vale sin duda la pena todas estas
pasarlas y vivirlas cuando logran
un solo momento de tal estrella.
La vida es ilusión y vanidad
y brillo, amor, consuelo y gloria.
Prefiero sus contradicciones
mil veces a quedarme en mis dislates,
pues solo es una y no hay más
y lo contrario es nada.

Índice